U0596821

万能解码表

唱一唱《英文字母歌》和《汉语拼音字母歌》，你就明白啦！

是英文字母表，也是汉语拼音字母表，但是读法不一样哦！

| A | B | C | D | E | F | G | H | I | J | K | L | M | N | O | P | Q | R | S | T | U | V | W | X | Y |
|---|---|---|---|---|---|---|---|---|---|---|---|---|---|---|---|---|---|---|---|---|---|---|---|---|
| 1 | 2 | 3 | 4 | 5 | 6 | 7 | 8 | 9 | 10 | 11 | 12 | 13 | 14 | 15 | 16 | 17 | 18 | 19 | 20 | 21 | 22 | 23 | 24 | 25 |

# SHERLOCK HOLMES

## 少年大侦探·福尔摩斯探案笔记

## 邮轮大劫案

Textes : Sandra Lebrun

Illustrations : Loïc Méhée

〔法〕桑德哈·勒布伦 编

〔法〕洛伊克·梅黑 绘

邱秋卡 译

深圳出版社

# 内 容 导 航

# 人 物 介 绍

夏洛克·福尔摩斯
私家侦探

华生医生
福尔摩斯永远的朋友

悠悠
福尔摩斯的侦探犬

# 任务说明

## 邮轮大劫案

福尔摩斯、华生和悠悠正在邮轮上享受难得的假日时光。突然，船上起了骚动，侯爵夫人房间里的珍宝居然不见了！惊慌失措的侯爵夫人向福尔摩斯求助，希望侦探们能找到那个胆大包天的绑匪。

"绑匪？"福尔摩斯十分困惑。原来侯爵夫人丢失的"珍宝"是一只安哥拉兔！

福尔摩斯马上着手展开调查，但他还需要你的帮助。快来加入侦探小组，跟随福尔摩斯一起寻找真相。

这次调查分为三个阶段：

① 在每章中，你要破解**7~8个谜题**，每解开1个谜题就能得到1条**信息**。

② 把得到的信息**汇集**到每章的最后一页上，并根据提示推导出1条**重要线索**。

③ 汇总从每章中获得的重要线索，利用**排除法**，在**"真相大白"**页（第43页）进行推理分析，找出绑匪。

\* 注意，本书的前衬页上有万能解码表，必要的时候可助你一臂之力。

准备好了吗？赶快翻到下一页吧！
福尔摩斯正等着你！

第一章

# 客舱大搜索

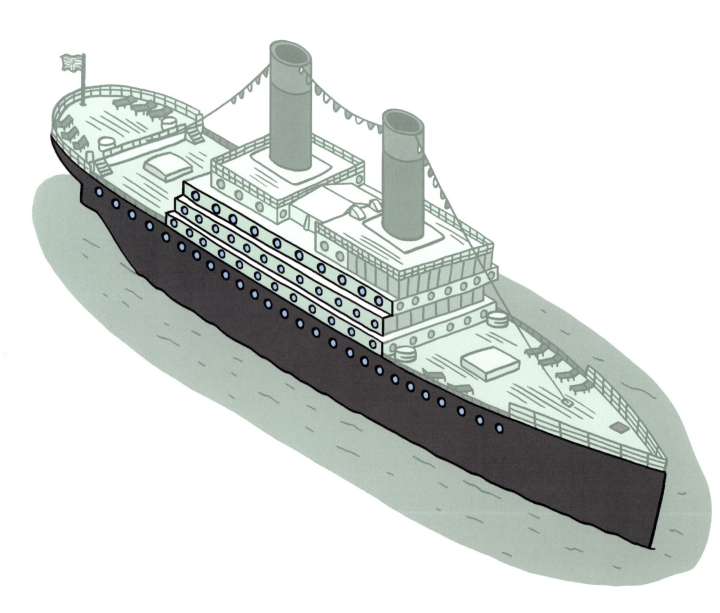

福尔摩斯和华生准备从客舱开始调查,他们找到水手长,想检查一下侯爵夫人的房间。仔细观察锁眼的形状,找一找哪把钥匙能打开门锁。

信息1

把正确的钥匙的序号写下来:

将第12页右边对话框中的
这个数字画掉。

答案见
第44页

谜题2

"哎呀!"华生被吓了一跳,他没想到房间里有人。

借助前衬页上的万能解码表,将对话框中的拼音字母分别替换为在汉语拼音字母表中的前一位字母(例如,A 替换为 Z,B 替换为 A),再加上声调,看看这个人说了什么。

华生松了一口气，福尔摩斯继续向保洁员打探消息。

借助前衬页上的万能解码表，将对话框中的数字换成对应的拼音字母（例如，23 对应 W），再加上声调，看看保洁员说了什么。

答案见 第44页

保洁员还是没有把话说完，悠悠急得汪汪叫。

快帮一帮悠悠，将右边对话框中的字组成一句通顺的话（第一个词是"因为"），看看保洁员这次说了什么。

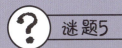

谜题5

这条信息太关键了。保洁员带侦探们来到那间神秘的客房。
把下图中有两个圆点的方格用笔涂黑，看看这间客房的门牌号是多少。

信息5

写下这间客房的门牌号：

将第12页右边对话框中的
这个数字画掉。

答案见
第44页

⑨

福尔摩斯和华生询问保洁员，侯爵夫人发现宠物兔失踪时，谁在使用这间客房。

把保洁员说的话每隔一个字画掉后一个字，再给保留下来的字加上标点符号，这才是她真正要对侦探们说的话。注意，第一个字不能画掉。

**谜题7**

就在侦探们准备前往下一个地方时，保洁员提供了一条新信息。

将下图对话框中的字组成一句通顺的话（第一个字是"去"），就能知道侦探们接下来的调查方向。

问 服 去 员 务 问 吧，
直 道 里 知 在 谁
间 他 一 待 房。

**信息7**

写下正确的句子：

_____

_____

圈出这句话中提到的工作人员，
将第12页右边对话框中的这三个字画掉。

答案见
第**44**页

# 客舱大搜索

## 第1条线索

在保洁员的提示下，悠悠很快找到了客舱里的服务员。服务员思考了一会儿，想起一个至关重要的细节。但服务员见到侦探们后有些紧张，说话语无伦次。

根据从谜题 1～7 中获得的信息，画掉右边对话框中对应的字，剩下的字组成的一句话就是帮助你继续调查的第 1 条线索。

我不记得那个人的名字了。

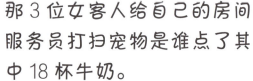

那 3 位女客人给自己的房间服务员打扫宠物是谁点了其中 18 杯牛奶。

线索1

写下你找到的线索：

答案见第44页

第二章

# 甲板上的谜团

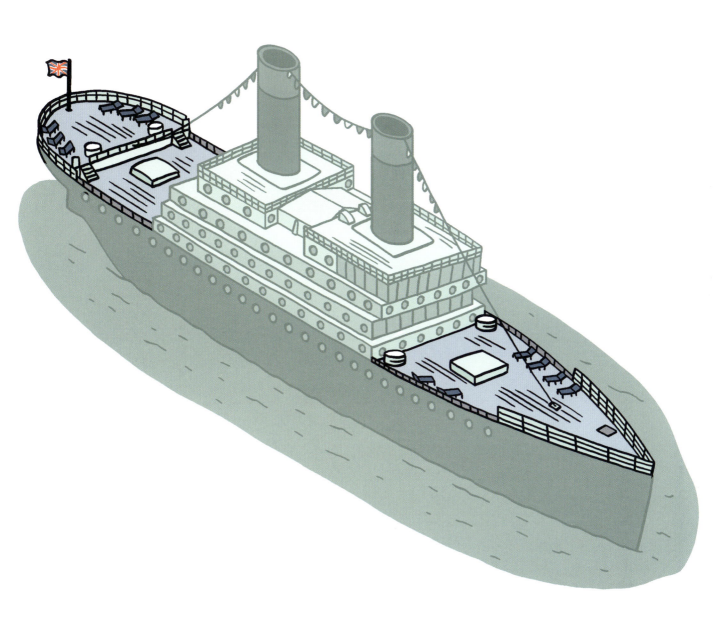

得到第 1 条线索后，侦探们来到了邮轮的甲板上，一位年轻的见习水手急忙拦住了他们。

从粉色气泡里的汉字"你"开始，根据箭头指示的方向，把图中的字按顺序连成一句话，就能知道见习水手说了什么。

信息8

写下见习水手说的话：

_____

_____

写出这句话中最后一个字的最后一个拼音字母，根据第22页上的提示，将它填在对应的位置。

福尔摩斯正准备向见习水手了解情况，没想到见习水手先向侦探们求助。

原来，船长让见习水手在清理泡沫前先准备好水桶，水桶要按"一个空、一个装满水"的规则交错排列。见习水手正在发愁如何解决这个问题，快来帮帮他。

答案见
第44页

见习水手非常感谢侦探们的帮助，打算带他们去见一位可能知道线索的船员。不巧的是，这位船员也遇到了麻烦。

仔细观察下图，帮船员找一找哪个位置的绳索可能会打结。

处理完这些棘手的问题，见习水手和船员终于有时间接受福尔摩斯的询问，但他们两个人总是同时说话。

将左右两个对话框中的字依次交错组合起来，就能知道他们说了什么。（提示：前两个字是"你们"。）

信息11

把你组合的句子写下来：

写出这句话中最后一个字的最后一个拼音字母，根据第22页上的提示，将它填在对应的位置。

答案见第45页

在见习水手和船员的帮助下，侦探们终于找到了那位女客人。她把自己看到的情况告诉福尔摩斯和华生。

借助前衬页上的万能解码表，将对话框中的数字换成对应的拼音字母（例如，23 对应 W），再加上声调，就能知道这位女客人说了什么。

23-15　11-1-14　10-9-1-14　12-5　25-9
26-8-9　8-1-9　20-21-14、10-9-21
26-8-9　8-1-9　15-21，8-1-9　25-15-21
17-9　23-5-9　11-5　18-5-14。

**信息12**

把女客人的话写下来：

_____

_____

_____

找到这句话中第七个字的第一个拼音字母，根据第22页上的提示，将它填在对应的位置。

华生正在记录女客人提供的信息，这时，悠悠捡到了一张被风吹来的纸。看来有人想通过这种方式给侦探们传递消息。

解一解下面的字谜，看看报信者到底是谁。

我名字的第一个字是：
排在最前面，站在最左边。

我名字的第二个字是：
千里丢一，百里又丢一。

我名字的第三个字是：
需要一半，留下一半。

**信息13**

写下报信者的名字：

找到名字中第一个字的第二个拼音字母，根据第22页上的提示，将它填在对应的位置。

答案见第45页

## ? 谜题14

调查进展得不错，侦探们离真相越来越近，但传递消息的人究竟在哪儿呢？路过舷窗时，福尔摩斯注意到玻璃上有字的残迹。显然，有人想把这些字擦掉。

将舷窗上的字组成一句通顺的话，第一个字是"别"。

提示：你可能还需要一面镜子来识别这些字。

**信息14**

把你组成的句子写下来：

找到这句话中最后一个字的最后一个拼音字母，根据第22页上的提示，将它填在对应的位置。

答案见
第45页

⑳

侦探们抬起头观察高处，突然发现瞭望塔上有人向他们喊话。但满天都是海鸥，侦探们不知道说话的人是谁，也听不清他在说什么。

清除对话框里海鸥的叫声（画掉所有的"嗷"和"嗷嗷"），看看这个人说了什么。

嗷甲嗷嗷板嗷上嗷嗷发嗷生嗷的嗷嗷任嗷何嗷事都嗷逃嗷嗷不嗷过我嗷的嗷眼嗷睛嗷嗷。

信息15

把这个人说的话写下来：

_____

_____

_____

找到这句话中最后一个字的最后一个拼音字母，根据第22页上的提示，将它填在对应的位置。

答案见
第45页

# 甲板上的谜团

太棒啦！华生已经把在甲板上收集到的信息全部记录下来，这些信息可以补全瞭望塔上那个人未说完的话。

笔记本上的数字代表谜题 8～15 的序号，将这些数字替换成第二章中对应谜题的答案，再加上声调，你将得到第 2 条重要线索。

今天早上，有一位女士晕船了。幸亏有人一直在照顾她。这个人的脸上有……

10-12-13-11-15
12-14
9-8

线索2
写下你找到的线索：

答案见第45页

22

第三章

# 餐厅里的秘密

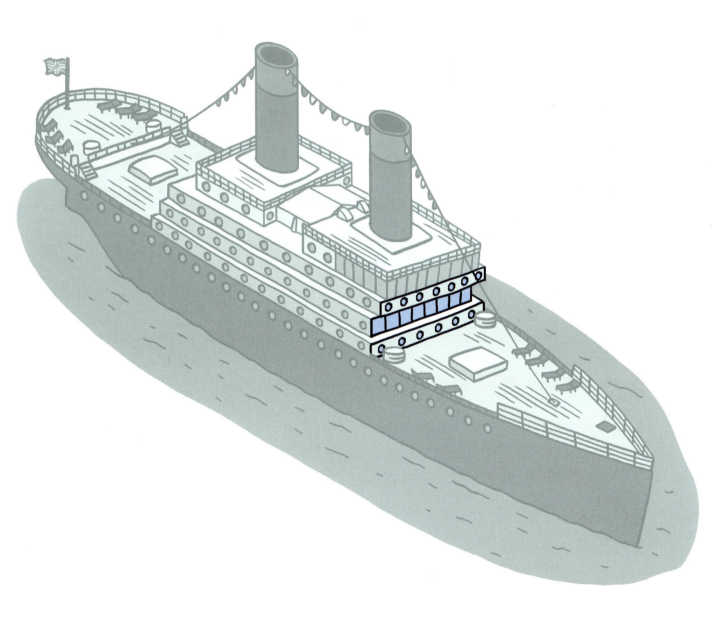

完成甲板上的搜索后，侦探们来到餐厅继续调查。餐厅的服务员正在整理餐桌，他似乎刻意留下了一些信息。

请你在餐桌边上选择四个圆点，两两相连画出两条直线，将桌上的餐具分成三组，每组餐具的数量相同。请注意，这两条直线既不能相交，也不能碰到任何餐具。

把这四个圆点对应的英文字母写下来，看看能组成哪个英语单词。

**信息16**

把你组成的英语单词写下来：

_____

这个单词的中文意思是：

_____

将第32页中对应的汉字卡片画掉。

答案见
第45页

福尔摩斯在餐厅里走来走去,不想错过任何一个细节。这时他看到一张餐厅的座位表,便向服务员询问会有多少客人来这里用餐。

座位表中的蓝色圆圈代表桌子,灰色圆圈代表座位。蓝色圆圈里的数字代表这张桌子周围的用餐人数。座位上的叉号代表这个位置已经有人预订,斜线代表这个位置不能有人。任意两位客人不能相邻而坐。请你根据提示补全这张座位表,看看一共有多少客人来用餐。

已经有一位客人预订了座位。

数字0表示这张桌子周围不能有人。

座位表

信息18

把来用餐的人数写下来:

将第32页中对应的数字卡片画掉。

**? 谜题19**

福尔摩斯发现餐厅的墙上挂了一些纪念照，有两张厨师的照片吸引了他的注意。
快帮福尔摩斯找找这两张照片中有几处不同。

**信息19**

一共有几处不同？

将第32页中对应的数字卡片画掉。

答案见
第46页

27

这一发现提醒了福尔摩斯，他立刻跑去厨房确认情况。原来悠悠已经抢先一步到了厨房，它正在帮厨师寻找丢失的厨具。

根据左下角"厨房必备物品清单"的提示，找一找图中的厨师丢了哪件厨具。

厨房必备物品清单

勺子　　过滤器　　打蛋器　　平底锅

信息20

厨师丢的厨具是：

_____

_____

将第32页中对应的汉字卡片画掉。

幸运的是，储藏室里还有备用的厨具。厨师去储藏室找到了厨具，还顺道拿了一些要用的配料。

悠悠发现厨师少拿了一种配料，你知道是哪一种吗？根据"配料清单"中的排列规律，在橱柜里找到厨师少拿的配料。

信息21

厨师少拿的一种配料是：

将第32页中对应的汉字卡片画掉。

配料清单：
新鲜纯牛奶
天然黄油
稀奶油
？
鱼

这几种配料的名称似乎有某种规律……

答案见第46页

华生被食物的香味吸引，也来到厨房。但现在厨师没时间回答侦探们的问题，因为他正忙着给食材称重。

快帮厨师看看，图中最右边的天平的空托盘上应该放几个鸡蛋，才能让天平平衡？

我称好食材就去找你们。

信息22·

图中最右边的天平的空托盘上应该放几个鸡蛋？

_____

_____

将第32页中对应的数字卡片画掉。

答案见第46页

厨师称完食材就赶来回答侦探们的问题。侦探们认真听着厨师的话，希望能得到有用的信息。

将对话框中的字组成一句通顺的话（前两个字是"我带"），就能知道厨师说了什么。

答案见第46页

# 餐厅里的秘密

**第3条线索**

厨师把所有订单信息都写在了小黑板上，但卡片的顺序被打乱了。幸运的是，华生把在餐厅和厨房里收集的信息都记了下来，侦探们可以据此排除小黑板上的无关信息。

根据从谜题 16～23 中获得的信息，将小黑板上对应的汉字或数字卡片画掉，剩下的卡片上的字能组成一句话，这就是你得到的第 3 条线索。

你们要找的嫌疑人就穿着这种衣服。

**线索3**

写下你组成的句子：

# 驾驶舱疑踪

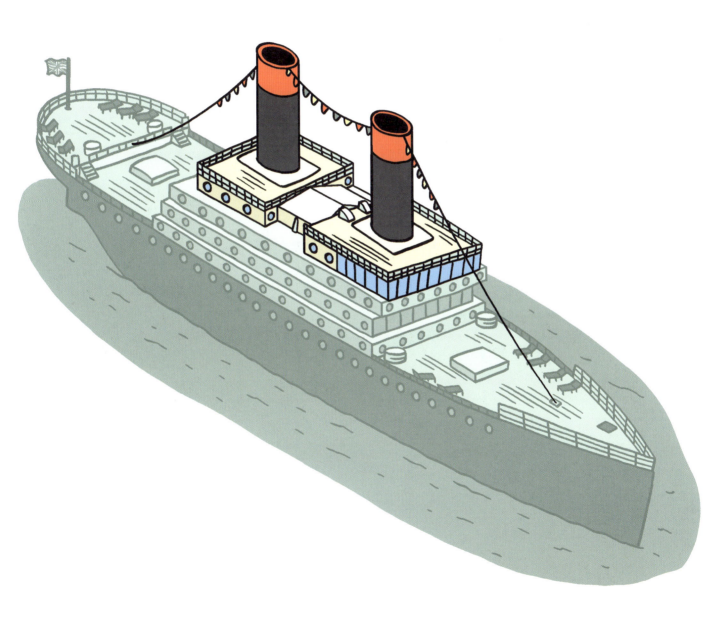

获得了厨师提供的重要线索后，侦探们前往邮轮的驾驶舱继续调查。

侯爵夫人见到福尔摩斯他们来到驾驶舱，急忙跑过去想要提供信息。侯爵夫人太激动了，话说得语无伦次。快把书倒过来，放在镜子前，透过镜子看看侯爵夫人究竟说了什么。

答案见
第47页

华生在驾驶舱里搜寻，想找到更多线索。这时，一名船员找到华生，说他收到了一封加密的信。

请根据下图右边的密码表，破译左边的密信。

信息25

把密信的内容写下来：

⊙出这句话的最后两个字，
将第42页对话框中的这两个字画掉。

答案见
第47页

这艘邮轮上原本有 4 艘占 2 格的小号救生艇和 2 艘占 3 格的大号救生艇。福尔摩斯立即找出救生艇存放图，想确认现在邮轮上还有几艘救生艇。

根据提示，将救生艇放在下面的网格图中，数字代表所在行或列应该放置的船所占的方格数。注意，所有救生艇不能首尾接触，更不能交叉或者在对角线上。

## 谜题27

果然少了一艘救生艇！福尔摩斯立刻让船员打开雷达，搜索附近海域上的可疑物。
将下图中的数字按 1～39 的顺序连起来，看看雷达扫描出了什么东西。

答案见
第47页

时间紧迫，一分钟都不能耽搁。福尔摩斯和华生立刻让船员放下一艘救生艇，他们得赶紧把兔子找回来。

仔细观察下图，看看往哪个方向转动手柄才能将救生艇降下来。

答案见第47页

38

信息28

转动手柄的正确方向是：

将第42页对话框中的这个字画掉。

船员递给华生一张航线图。侦探们要按照正确的航线行驶才能到达救生艇所在的位置。从下列四条航线中选择一条安全的航线，注意海中的礁石，一定不能撞上去。

信息29

哪条航线是正确并且安全的?

将第42页对话框中的这个数字画掉。

答案见
第47页

太好啦！悠悠发现了兔子的踪影。现在得赶紧登上救生艇，把兔子救回来……

找一找通往救生艇的正确路线，要避开海中的鲨鱼，并收集沿途的浮标。将收集到的浮标上的拼音字母按顺序排好，再加上声调，看看能组成哪三个字。

信息30

把你找到的三个字写下来：

将第42页对话框中的这三个字画掉。

# 第四章

# 驾驶舱疑踪

第4条线索

侦探们成功解救了救生艇上的兔子。在回邮轮的途中，福尔摩斯询问船员是否知道有关这桩绑架案的其他信息。

根据从谜题 24～30 中获得的信息，将对话框中对应的汉字或数字画掉，剩下的字可以组成一句话，这就是你得到的第 4 条线索。

船上案上发下去时，船 4 长 5 和我兔子在一大营救起。

线索4

写下你找到的线索：

答案见第47页

# 谁绑架了侯爵夫人的兔子？

　　这趟邮轮之旅真是惊心动魄。好在侦探们及时找到了兔子，并把它还给了侯爵夫人。现在，是时候揭露绑架者的真面目了！

　　悠悠把所有嫌疑人都召集过来。请你根据在邮轮各处找到的线索，解开最后的谜团，公布真相。

快把书倒过来放在镜子前，看看你有没有找对人！

！了目真庐庐的己自露暴经已子兔的爱心他，里那士绅老位那在就正子兔，且而
……士绅老，心小说诉告，紧皱头眉是总他。他的眶眼着围包巾纱块一着戴来原绕回

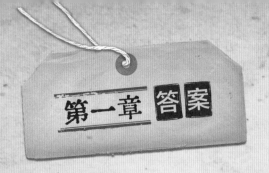

## 第一章 答案

### 谜题1

正确的钥匙的序号是3。

### 谜题2

我是保洁员。我每天要打扫所有的房间。（wǒ shì bǎo jié yuán。wǒ měi tiān yào dǎ sǎo suǒ yǒu de fáng jiān。）

这句话的最后两个字是"房间"。

### 谜题3

我通常在客人吃早餐时打扫（wǒ tōng cháng zài kè rén chī zǎo cān shí dǎ sǎo），但是……

这句话的第十一、第十二个字是"打扫"。

### 谜题4

因为其中一间房间里有人。

这句话的第三、第四个字是"其中"。

### 谜题5

这间客房的门牌号是8。

### 谜题6

我实在帮不了你们，因为我也不知道那个人是谁。

这句话的最后两个字是"是谁"。

### 谜题7

去问问服务员吧，他知道谁一直待在房间里。

这句话中提到的工作人员是"服务员"。

## 第1条线索

那位女客人给自己的宠物点了1杯牛奶。

根据这条线索可以在第43页中排除女客人的嫌疑。

## 第二章 答案

### 谜题8

你们不能往前走，我刚刚往甲板上洒了肥皂水！

这句话中最后一个字的最后一个拼音字母是"i"。

### 谜题9

使用Z桶。

把Z桶中的水全部倒入A桶，再把Z桶放回原位。这样就能让水桶按"一个空、一个装满水"的规则交错排列。

### 谜题10

C处绳索可能会打结。

## ? 谜题11

你们可以去问问那位女客人。

这句话中最后一个字的最后一个拼音字母是"n"。

## ? 谜题12

我看见了一只海豚、九只海鸥，还有七位客人（wǒ kàn jiàn le yì zhī hǎi tún, jiǔ zhī hǎi ōu, hái yǒu qī wèi kè rén）。

这句话中第七个字的第一个拼音字母是"h"。

## ? 谜题13

拉伯雷。

这个名字中第一个字的第二个拼音字母是"a"。

## ? 谜题14

别忘了看看高处。

这句话中最后一个字的最后一个拼音字母是"u"。

## ? 谜题15

甲板上发生的任何事都逃不过我的眼睛。

这句话中最后一个字的最后一个拼音字母是"g"。

### 第2条线索

长胡子（cháng hú zi）。

根据这条线索可以在第43页中排除医生的嫌疑。

## ? 谜题16

分别将M和E、N和U连起来，画出两条直线。

组成的英语单词是"menu"，中文意思是"菜单"。

## ? 谜题17

海菜饼。

## 谜题18

总共有6位客人会来用餐。

座位表

## 谜题19

一共有5处不同。

## 谜题20

过滤器。

我丢了一件厨具，但记不起来是什么。

## 谜题21

配料名称的字数从上至下分别为5、4、3、2、1，依次减少1个字，图中少了名称为2个字的配料。因此，要拿的配料是"海盐"。

## 谜题22

图中最右边的天平的空托盘上应该放3个鸡蛋。

## 谜题23

我带你们去看看小黑板，上面写着所有的订单。这句话的最后两个字是"订单"。

## 第3条线索

那人穿着海魂衫。
根据这条线索可以在第43页中排除厨师的嫌疑。

46

## 第四章 答案

**? 谜题24**

我找到了一坨兔子的粪便，我的宠物兔肯定还在船上！

这句话的最后两个字是"船上"。

**? 谜题25**

注意！一艘救生艇刚刚被人放了下去。

这句话的最后两个字是"下去"。

**? 谜题26**

5艘救生艇。

**? 谜题27**

兔子。

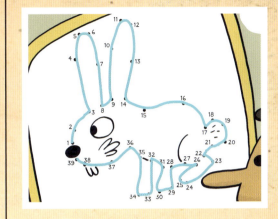

**? 谜题28**

上。

**? 谜题29**

4号航线。

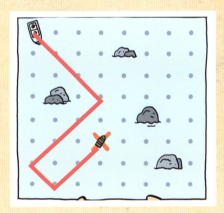

**? 谜题30**

大营救（dà yíng jiù）。

## 第4条线索

案发时，船长和我在一起。

根据这条线索可以在第43页中排除船长的嫌疑。

版权登记号 图字 19-2022-194 号

©Larousse 2022 (Les Cahiers d'Enquêtes de Sherlock Holmes : LE TRÉSOR DISPARU DE LA MARQUISE)
The Simplified Chinese translation rights is arranged through RR Donnelley Asia
(www.rrdonnelley.com/asia)

**图书在版编目（CIP）数据**

邮轮大劫案 /（法）桑德哈·勒布伦编 ；（法）洛伊
克·梅黑绘 ；邱秋卡译. -- 深圳 ：深圳出版社，2025.
4. --（少年大侦探·福尔摩斯探案笔记）. -- ISBN 978-
7-5507-4125-6

Ⅰ．G898.2

中国国家版本馆 CIP 数据核字第 2024L63192 号

**邮 轮 大 劫 案**

YOULUN DA JIE'AN

责任编辑　邬丛阳　吴一帆
责任校对　熊　星
责任技编　陈洁霞
装帧设计　米克凯伦

出版发行　深圳出版社
地　　址　深圳市彩田南路海天综合大厦（518033）
网　　址　www.htph.com.cn
订购电话　0755-83460239（邮购、团购）
排版制作　深圳市童研社文化科技有限公司
印　　刷　中华商务联合印刷（广东）有限公司
开　　本　889mm×1194mm　1/16
印　　张　3.5
字　　数　45 千
版　　次　2025 年 4 月第 1 版
印　　次　2025 年 4 月第 1 次
定　　价　39.80 元

**版权所有，侵权必究**。凡有印装质量问题，我社负责调换。
法律顾问：苑景会律师 502039234@qq.com

一起玩转

# 少年大侦探 · 福尔摩斯探案笔记

全系列！

**5岁以上**

观察力、专注力、识数、
迷宫、拼图、找不同

《农场奇案》　　《城堡迷案》　　《草原疑案》

**7岁以上** 　拼音、组词、造句、算术、信息处理、线索分析、逻辑推理

《环球追捕》　　《惊天迷案》　　《十大案件》　　《跨时空探案》　　《奇妙调查》　　《埃及奇案》

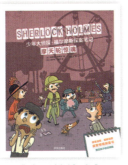

《邮轮大劫案》　　《博物馆大盗》　　《摩天轮惊魂》

侦探们的旅程还在继续，更多新书敬请期待……

**高阶挑战**　《追查凶手》

你是不是成功破案了？
那么，是时候给你颁奖了！

# 最佳侦探奖状

表彰 ..................................................................

..................................................................

..................................................................

致以最诚挚的敬意！
福尔摩斯

*Sherlock Holmes*